Inhalt

Bundesrat gegen Arzneimittelsparpaket - OTC-Markt profitiert auf jeden Fall

Bundesrat gegen Arzneimittelsparpaket - OTC-Markt profitiert auf jeden Fall

Autor GENIOS BranchenWissen: A.Schneider

Kernthesen

- Das Gesetz zur Verbesserung der Wirtschaftlichkeit in der Arzneimittelversorgung (AVWG) kann aufgrund eines überraschenden Vetos des Bundesrats nicht wie geplant in Kraft treten.
- Die Arzneimittelausgaben der GKV sind mit 3,3 Milliarden Euro der größte Kostenblock in der ambulanten Versorgung, 1,3 Milliarden Euro pro Jahr sollen die Kassen durch das AVWG pro Jahr einsparen.

- Die Regierungskoalition will u.a. die Abgabe kostenloser Arzneimittelpackungen an Apotheken streichen und Ärzten, die zu viele und zu teure Medikamente verschreiben, das Honorar kürzen.
- Profitieren wird der ohnehin stark wachsende OTC-Markt, also die rezeptfrei in den Apotheken und Drogerien erhältlichen Arzneimittel zur Selbstmedikation.

Beitrag

Entgegen aller Erwartungen hat der Bundesrat am 10. März das Arzneimittelspargesetz abgelehnt. Damit kann der nächste Schritt der deutschen Gesundheitsreform nicht wie geplant zum 1. April in Kraft treten. Gewinner der diversen Gesundheitsreformen ist ohnehin das OTC-Geschäft der Pharmahersteller. Denn der Markt für nicht rezeptpflichtige Medikamente wächst bereits ohne das Arzneimittelspargesetz prächtig.

Bundesrat hält Arzneimittelsparpaket auf

Der Bundesrat sorgte am 10. März 2006 für lange

Gesichter bei den Gesundheitspolitikern und Regierungspartnern. Er lehnte überraschend das Gesetz zur Verbesserung der Wirtschaftlichkeit in der Arzneimittelversorgung (AVWG) ab. Zum ersten Mal seit Amtsantritt der neuen Bundesregierung hat der Bundesrat den Vermittlungsausschuss zu einem vom Bundestag bereits beschlossenen Gesetz angerufen. Das sog. Arzneimittelsparpaket war am 17. Februar vom Bundestag verabschiedet worden und sollte bereits am 1. April 2006 in Kraft treten.

Wesentliches Ziel des Gesetzes ist es, eine wirtschaftlichere Arzneimittelversorgung sicherzustellen. Die Ärzte sollen angehalten werden, die Verschreibung von Medikamenten teurer Firmen zu unterlassen und wirkungsgleiche günstigere Arzneimittel zu bevorzugen.

Die Arzneimittelausgaben der Gesetzlichen Krankenversicherung (GKV) sind nach wie vor der größte Kostenblock in der ambulanten Versorgung. Im vergangenen Jahr betrugen sie rund 3,3 Milliarden Euro und lagen damit etwa 16 Prozent über dem Vorjahr. Mit dem Arzneimittelsparpaket hat die Regierung Einsparungen in Höhe von einer Milliarde Euro in diesem Jahr und 1,3 Milliarden Euro in den Folgejahren für die Kassen kalkuliert. (1), (2), (3)

Die wichtigsten Regelungen des AVWG

Die Regierungskoalition will der gängigen Praxis des Buy two, get one free einen Riegel vorschieben. Künftig dürfen die Hersteller keine kostenlosen Arzneimittelpackungen an die Apotheken mehr abgeben. Der Haken an diesen als Naturalrabatte bekannt gewordenen Gratisschachteln liegt nämlich darin, dass sie zu Lasten der GKV abgerechnet wurden.

Dieser Pfeil schießt gegen die großen Hersteller patentfreier Nachahmerpräparate (Generika) und die Apotheken. Die Hersteller verteilen bisher mehr oder weniger großzügig Gratispakete an die Apotheken und versuchen sich so gegenüber ihren Wettbewerbern ins rechte Licht zu setzen. Wenn also ein Apotheker beispielsweise fünf Packungen eines Arzneimittels bestellt hat, dann bekommt er eine sechste Packung gratis und darf diese an einen Patienten weitergeben. Bei dessen Krankenkasse darf er auch das Rezept für diese sechste Packung zum vollen Preis einreichen. Mit anderen Worten: er bezahlt für fünf und kassiert für sechs. Die Bundesvereinigung Deutscher Apothekerverbände (ABDA) schätzt, dass jedes Jahr Naturalrabatte im Wert von rund 180 Millionen Euro gewährt werden.

Bei Nachahmerpräparaten, die zu Lasten der GKV abgerechnet werden, soll grundsätzlich ein 10-prozentiger Abschlag auf die Herstellerabgabepreise zugunsten der Krankenkassen erfolgen.

Für Arzneimittel, die über die GKV abgerechnet werden sollen, soll ein zweijähriger Preisstopp gelten.

Die Obergrenzen für die Erstattung von Arzneimitteln durch die GKV sollen teilweise deutlich verringert werden. Damit erhöht sich die Differenz zwischen Arzneimittelpreis und GKV-Erstattungspreis, die der Patient selbst bezahlen muss. Allerdings können die Krankenkassen mit den Herstellern spezielle Rabattverträge abschließen.

Bei besonders preisgünstigen Arzneien sollen die gesetzlichen Krankenkassen hingegen die Patientenzuzahlung erlassen können. Wenn sich ein Patient unter gleich wirkenden Medikamenten ein besonders preisgünstiges Mittel verschreiben lässt, kann ihm seine Kasse die Zuzahlung aus eigener Tasche erlassen. Momentan muss der Patient in der Apotheke zehn Prozent des Arzneimittelpreises zuzahlen, mindestens aber fünf und höchstens zehn Euro.

Für die Ärzte soll die sog. Bonus-Malus-Regelung gelten. Sie besagt, dass ihnen das Honorar gekürzt wird, wenn sie die für bestimmte Krankheiten festgelegten Tagestherapiekosten um mehr als 10% überschreiten. Wenn sie dagegen zur Systementlastung beitragen und besonders preisgünstige Medikamente verschreiben, können sie über ihre Kassenärztliche Vereinigung einen Bonus erhalten. Entschärft wird diese Regelung allerdings dadurch, dass die Selbstverwaltung von Krankenkassen und Ärzten in den Regionen auch eigene Regelungen für eine maßvolle Arzneimittelverordnung vereinbaren können, um die bundesweite Regelung zu umgehen.

Weiter schreibt das Gesetzesvorhaben vor, dass die Praxissoftware in der Arztpraxis manipulationsfrei sein muss und dass die Krankenhäuser bei der Entlassung Arzneimittel anwenden sollen, die auch bei Verordnung in der vertragsärztlichen Versorgung zweckmäßig und wirtschaftlich sind. (4), (5), (6), (7)

Viel Kritik am geplanten Arzneimittelspargesetz

Die Länder lehnen eine stärkere Belastung von Ärzten und Patienten ab. Sie stellen sich gegen die Regelung, nach der die Ärzte künftig Honorarkürzungen hinnehmen müssen, wenn die Ausgaben für von ihnen verordnete Medikamente mit den Krankenkassen vereinbarte Grenzen übersteigen. Außerdem sollen die Festbeträge nicht so stark gesenkt und damit die Patienten nicht so stark belastet werden. Gegen den Gesetzentwurf stimmten die Bundesratsvertreter Baden-Württembergs, Bayerns, Hamburgs, Hessens, Nordrhein-Westfalens und Sachsen-Anhalts, aber auch die der SPD-geführten Regierungen Berlins und von Rheinland-Pfalz.

Vielen Kassenärzten missfällt natürlich das Malussystem in der Arzneimitteltherapie und die dadurch drohenden gekürzten Vergütungen. Sie fürchten, dass dadurch die Patienten nicht mehr die Medikamente bekommen würden, die für sie am besten wären.
Der Ärzteverband NAV-Virchowbund rief seine Ärzte sogar dazu auf, künftig nur noch Privatrezepte auszustellen. Damit müssten die Patienten ihre Medikamente erst mal selbst bezahlen, sie dann bei ihrer Kasse einreichen und hoffen, dass diese das Geld wieder rausgeben. Der Verband will damit die Kassen unter Druck setzen. Ob diese Methode funktioniert, erscheint fragwürdig. Für den 24. März kündigten 29 Ärzteverbände einen bundesweiten Protesttag der niedergelassenen Ärzte an. 20 000 Mediziner werden in Berlin erwartet. (8), (9)

Sogar die Krankenkassen selbst sind kritisch und haben ihre Gegenargumente in einem 21-seitigen Papier an den Gesundheitsausschuss des Bundestags adressiert. Ihnen sind vor allem die neuen Festbeträge ein Dorn im Auge. Sie würden dazu führen, dass die Krankenkassen um bis zu 65 Prozent weniger als bisher für einzelne Medikamente erstatten würden. Patienten müssen deutlich mehr aus eigener Tasche zuzahlen. Außerdem seien die von der Bundesregierung geplanten Einsparungen unrealistisch und würden sich nach der Mehrwertsteuererhöhung 2007 um weitere 700 Millionen Euro verringern. Dann würde der Spareffekt nur noch auf 300 Millionen Euro beziffert werden. (10)

Viele Apotheker äußern sich empört über das Vorhaben der Bundesregierung, sehen ihre Gewinne dahinschwinden und drohen mit Personalabbau. Manch einen vor allem kleinere Apotheken - plagt inzwischen die schiere Existenzangst.
Der Apothekerverband ABDA reagierte bisher gelassen und setzt auf die Kreativität der Hersteller. So hält er es beispielsweise für denkbar, dass die Hersteller den Apothekern künftig höhere Rabatte auf rezeptfreie Präparate gewähren, wenn sie große Mengen rezeptpflichtiger Medikamente bestellen. Denn bei den Arzneimitteln, die rezeptfrei direkt über den Tresen verkauft werden (sog. Over-the-counter-Präparate OTC), sind Barrabatte auch weiterhin

erlaubt.

OTC-Geschäft der Hersteller wird profitieren

Für die Generikahersteller wird es einerseits ärgerlich sein, dass nach dem neuen Gesetz auf Nachahmerpräparate, die nicht in die Festbetragsgruppen fallen, grundsätzlich ein 10-prozentiger Abschlag auf die Herstellerabgabepreise zugunsten der Krankenkassen vorgenommen wird. Dies wird ihren Umsatz entsprechend schmälern. Andererseits werden sie über den Wegfall der Naturalrabatte in der jetzigen Form gar nicht allzu traurig sein, denn schließlich mindert diese Praxis ihren Umsatz.

Sie werden sich neue Wege ausdenken, um ihre potentiellen Kunden möglichst eng an sich zu binden und Markentreue aufzubauen. Die einen werden mit ihren Vertriebsleuten den Ärzten selbst noch etwas näher auf die Pelle rücken, um ihnen ihre Produkte schmackhaft zu machen. Die anderen werden eventuell verstärkt Pakete aus rezeptpflichtigen und OTC-Produkten schnüren, um so mit Preisnachlässen bei den OTC-Produkten den Absatz ihrer verschreibungspflichtigen Medikamente anzuheizen.

Der Gewinner des Spiels wird wohl ohnehin das OTC-Geschäft der Pharmahersteller sein. Denn der Markt für nicht rezeptpflichtige Medikamente zur Selbstmedikation wächst bereits jetzt ohne das Arzneimittelspargesetz prächtig. Seitdem der Staat mit diversen Gesundheitsreformen die Gesundheitskosten immer mehr auf den privaten Haushalt verlagert, boomt das Geschäft mit den Mitteln, die rezeptfrei und auf eigene Rechnung in den Apotheken und Drogerien zu kaufen sind. In Deutschland sind inzwischen zwei Drittel, der in Apotheken verkauften Packungen rezeptfreie Präparate. Sie erzielen einen Umsatz von 4,6 Milliarden Euro und machen damit 14 Prozent des gesamten Arzneimittelmarktes aus. Die umsatzstärksten Hersteller waren im vergangenen Jahr Klosterfrau, Bayer und Ratiopharm. [Abb.1], (4), (5)

Man darf gespannt sein, ob und wie in den nächsten Tagen ein Kompromiss in Sachen AVWG gefunden wird. Die Widersacher des Gesetzes werden allerdings nicht allzu lange frohlocken können. Denn das Gesetz ist nicht zustimmungspflichtig durch den Bundesrat. Dieser kann es also nur hinauszögern, aber nicht definitiv verhindern. Ein etwaiger Einspruch des Bundesrats nach Ablauf eines Vermittlungsverfahrens kann durch den Bundestag mit Kanzlermehrheit überstimmt werden. Dennoch, ohne einen gewissen Prozess der Kompromissfindung wird es wohl nicht gehen.

Fallbeispiele

Der Markt für OTC-Produkte wächst weltweit. Nach den USA ist heute Europa der zweitgrößte OTC-Markt. Die namhaften Pharmahersteller sind bereits eifrig dabei, sich ein Stück von dem wachsenden OTC-Kuchen zu sichern.

- Bayer hat im Jahr 2004 sein OTC-Segment für 2,38 Milliarden Euro erweitert und die Roche-OTC-Sparte zugekauft und gehört seither zu einem der weltweit größten Unternehmen im Selbstmedikationsgeschäft. Seine bekannteste Marke ist Aspirin. (11), (12)
- Novartis hat im Juli 2005 die nordamerikanische OTC-Sparte von Bristol-Myers Squibb für das 2,6-fache des Umsatzes übernommen. (5)
- Die britische Drogeriekette Boots hat im Oktober 2005 ihre OTC-Sparte für 2,77 Milliarden Euro an den Konsumgüterkonzern Reckitt Benckiser verkauft. Bekanntestes Produkt von Boots ist die Marke Clearasil. (13)

- Mitte Februar diesen Jahres hat der indische Hersteller Dr. Reddys die Übernahme von Betapharm zum Preis von 480 Millionen Euro angekündigt.

Auch die großen deutschen Generikaproduzenten Hexal/Sandoz, Ratiopharm und Stada verfügen über starke OTC-Sparten mit bekannten Marken. Allein diese drei Anbieter sind mit über 1 000 Vertriebsleuten im Markt unterwegs.

Zahlen & Fakten

Top 10 Unternehmen für rezeptfreie Medikamente am deutschen Markt

Rang	Hersteller	Umsatz 2005
		in Millionen Euro
1	Klosterfrau	318,8
2	Bayer	298,9
3	Ratiopharm	240,9
4	Novartis Cons. Heal	239,7
5	Boehringer Ingelheim	232,1
6	Hexal	179,3
7	Stada	160,9
8	Schwabe	123,9
9	McNeil	120,3
10	Spitzner	102,6

Quelle: OTC Report, GMS

Entnommen aus: Frankfurter Allgemeine Zeitung, 22.12.2005, S. 14

Weiterführende Literatur

(1) Warnschuss der Länder
aus Rheinische Post Nr. vom 13.03.2006

(2) Verärgerung über Merkel und Kauder
aus Handelsblatt Nr. 055 vom 17.03.06 Seite 4

(3) "Ein unfreundlicher Akt" Struck rügt Ministerpräsidenten der Union
aus Frankfurter Allgemeine Zeitung, 16.03.2006, Nr. 64, S. 4

(4) Arznei-Sparpaket bringt Apotheker in Nöte
aus Handelsblatt Nr. 044 vom 02.03.06 Seite 19

(5) Rabat(t)z Die Regierung untersagt ab April Köderangebote für Apotheker. Damit ist die Schonzeit für die Generikaindustrie vorbei Peter Kuchenbuch
aus Financial Times Deutschland vom 01.03.2006, Seite MP11

(6) O.V., Arzneimittelsparpaket stabilisiert Beitragssätze, www.bundesregierung.de, 17.02.2006
aus Financial Times Deutschland vom 01.03.2006, Seite MP11

(7) O.V., Arzneimittelversorgungs-

Wirtschaftlichkeitsgesetz, www.wikipedia.de
aus Financial Times Deutschland vom 01.03.2006, Seite MP11

(8) Einige Ärzte wollen nur noch Privatrezepte
aus Bonner General-Anzeiger, 27.02.2006, S. 02

(9) Koalition verteidigt neue Arzneiregeln
Niedergelassene Ärzte laufen Sturm gegen Gesundheitssparpaket · Experten halten Befürchtungen für übertrieben
aus Financial Times Deutschland vom 28.02.2006, Seite 10

(10) O.V., Krankenkassen prophezeien unzumutbare Preise für Patienten, www.spiegel.de, 11. Januar 2006
aus Financial Times Deutschland vom 28.02.2006, Seite 10

(11) 2005 war für Bayer eines der erfolgreichsten Jahre
aus Ärzte Zeitung Nr. 44 vom 09.03.2006, Seite 13

(12) Bayer verdoppelt Konzernergebnis/ Biotech und Pharma boomen
aus www.LifeGen.de, 06.03.2006

(13) Boots-Arzneisparte an Reckitt Benckiser
aus CHEManager Ausgabe 20 vom 21.10.2005 Seite 004

Impressum

Bundesrat gegen Arzneimittelsparpaket - OTC-Markt profitiert auf jeden Fall

Bibliografische Information der deutschen Nationalbibliothek

Die Deutsche Nationalbibliothek verzeichnet diese Publikation in der deutschen Nationalbibliografie; detaillierte bibliografische Daten sind im Internet über http://dnb.d-nb.de abrufbar.

ISBN: 978-3-7379-2730-7

Vervielfältigungen (Fotokopie/Mikroskopie), Übersetzungen, Auswertungen durch Datenbanken oder ähnliche Einrichtungen und die Einspeicherung und Verarbeitung in elektronischen Systemen.